AF277043

Marco Aurelio

Preocupaciones humanas

Marco Aurelio

Preocupaciones
humanas

**Traducción de
Daniel Ayora Estevan**

© Los secretos de Diotima

© Guillermo Escolar Editor
   Calle Princesa 31, planta 2, puerta 2
   28008 Madrid

© De la traducción, Daniel Ayora Estevan

ISBN: 978-84-19782-85-4

DEPÓSITO LEGAL: M-24165-2024

Impreso en España / Printed in Spain

SOBRE LA EDUCACIÓN

LIBRO I, CAPÍTULO 6

[1] Del sabio Diogneto tomé el evitar estériles inquietudes, el desconfiar de los relatos de taumaturgos y hechiceros sobre brujerías, exorcismos de espíritus y otras prácticas parecidas; el no entretenerme con la caza de codornices ni trastornarme por cosas parecidas; el soportar la libertad de expresión; el familiarizarme con la filosofía; el haber escuchado primero a Baquio, luego a Tandasis y Marciano; el haber escrito diálogos cuando era niño; y el haber anhelado catre y pelliza, así como las demás prácticas de la austera educación griega.

LIBRO I, CAPÍTULO 8

[1] Del filósofo estoico Apolonio tomé la libertad y firme voluntad de no dejar

nada en manos de la suerte; no dirigir la mirada a ninguna otra cosa, ni siquiera por un instante, que no sea la razón; el ser siempre inalterable, en los dolores agudos, en la pérdida de un hijo, en las enfermedades largas; y el haber visto de forma manifiesta en un modelo vivo que uno mismo puede ser muy vehemente y desenfadado; [2] el no ser irascible en las explicaciones; el haber visto a un hombre que claramente consideraba como la más insignificante de sus propias cualidades la experiencia y la destreza para transmitir las consideraciones teóricas; y el haber aprendido cómo es preciso aceptar los aparentes favores de los amigos sin dejarse doblegar por ellos ni rechazarlos insensiblemente.

LIBRO I, CAPÍTULO 9

[1] De Sexto aprendí la benevolencia, el modelo de una casa gobernada por el cabeza de familia, la idea de vivir conforme a la naturaleza; la dignidad sin

afectación: el atender a los amigos con diligencia; y la tolerancia con los ignorantes y con los que opinan sin reflexionar.

[2] Aprendí la armonía con todos, de forma que su trato era más agradable que cualquier adulación y en aquel momento ellos mismos le tenían el máximo respeto; y la capacidad de descubrir con método y ordenar los principios necesarios para la vida.

[3] Aprendí también de él a nunca dejar traslucir un momento de cólera, ni de ninguna otra pasión; antes bien, el ser a un mismo tiempo el menos afectado por las pasiones y el que quiere con mayor ternura; el hecho de alabar sin estridencias y el tener un vasto conocimiento sin alardear de ello.

LIBRO I, CAPÍTULO 11

[1] De Frontón aprendí el haberme parado a pensar en cómo resulta la tiranía envidiosa, taimada e hipócrita, y que

los que generalmente entre nosotros son llamados «eupátridas» son, en cierto modo, los más desalmados.

LIBRO 9, CAPÍTULO 11

[1] Si puedes, cambia a la gente por medio de la enseñanza; pero, si no, recuerda que para esto se te ha concedido la benevolencia. Los dioses son benévolos para con las personas que así son. Y para algunas cosas colaboran con ellos: para obtener salud, riqueza, fama. Así de buenos son. Y tú también puedes serlo; o dime, ¿quién te lo impide?

SOBRE EL TIEMPO

LIBRO II, CAPÍTULO 14

[1] Aunque vivieras tres mil años y hasta treinta mil, recuerda que nadie pierde otra vida que esta que vive, ni vive otra que la que pierde. De modo que lo más largo desemboca en lo más corto: el presente es para todos igual, y también lo que se pierde es igual, y lo que se separa se nos presenta como un mero instante. ¿Pero es que acaso alguien puede perder el pasado o el futuro? Lo que no se posee, ¿cómo nos lo podría quitar alguien?

[2] Por tanto, recuerda siempre esas dos consideraciones: una, que todo, desde siempre, se presenta con la misma forma y repite los mismos ciclos, y nada hace que cambie, aunque se contemple lo mismo durante cien años, doscientos o cualquier otra cantidad de tiempo; la otra, recuerda que el que ha vivido más

años y el que morirá más prematuro pierden exactamente lo mismo: únicamente se nos puede privar del presente, dado que este sí se posee, y lo que uno no posee, no lo puede perder.

LIBRO VI, CAPÍTULO 59

[1] ¡Quiénes son esos a los que quieren agradar! ¡Por medio de qué resultados y de qué acciones! ¡En qué poco el tiempo va a dejar ocultas todas ellas, y cuántas ha dejado ya ocultas!

LIBRO VII, CAPÍTULO 8

[1] No te perturbe el futuro. Pues llegarás a él, si fuese preciso, con la misma razón que ahora usas para el presente.

LIBRO IX, CAPÍTULO 28

[1] Estos son los ciclos del universo en su permanente cambio de siglo en siglo. Y, o bien la inteligencia del con-

junto universal impulsa a cada uno, y, si
así es, acoge el impulso de aquella inteligencia; o bien si de una sola vez dio el
impulso, lo demás se sigue por consecuencia. ¿Por qué estás en tensión? Pues,
en cierto modo son átomos o cosas indi-
visibles. En suma, si hay una divinidad,
todo está bien; si todo sucede por azar,
no te dejes arrastrar al azar. Pronto nos
cubrirá a todos nosotros la tierra, luego
también esta se transformará y aquellas
cosas se transformarán hasta el infinito y,
de nuevo, estas hasta el infinito. Pues, si
uno toma en consideración la constante
marea de transformaciones y alteraciones, y su rapidez, menospreciará todo lo
mortal.

LIBRO X, CAPÍTULO 17

[1] Una representación son de manera
continua el conjunto de la eternidad y el
conjunto de la sustancia. Recuerda que
todas las cosas, en tanto que una parte del
todo, son, respecto a la sustancia, como

un grano de higo, y, respecto al tiempo,
como el giro de un taladro.

SOBRE LA BELLEZA

LIBRO III, CAPÍTULO 2

[1] Es necesario también observar detenidamente hechos como estos: que incluso las modificaciones accesorias de las cosas naturales tienen algún encanto y atractivo. Así, por ejemplo, un pedazo de pan al cocerse se resquebraja en ciertas partes; y esas grietas que así se forman y que, es verdad, son contrarias a la promesa del arte del panadero, son, en cierto modo, adecuadas y excitan de forma particular el deseo de comerlo.

[2] Otro caso: los higos, cuando están muy maduros, acaban por entreabrirse. Y en las aceitunas que quedan maduras en los árboles, su misma proximidad a la podredumbre añade al fruto una belleza particular. Igualmente las espigas que se inclinan hacia abajo, la melena del león y la espuma que brota de la boca de los jaba-

líes y muchas otras cosas, si se las examina de manera particular, están lejos de ser bellas; y, sin embargo, al ser consecuencia de los procesos naturales, reestablecen su belleza con el conjunto y provocan que el alma quiera dirigirse a ellas.

[3] De manera que, si una persona tiene sensibilidad y una inteligencia más profunda para comprender lo que sucede en el conjunto universal, casi nada le parecerá, incluso entre las cosas que acontecen por efectos secundarios, que no comporte algún encanto particular. Y esa persona verá las fauces auténticas de las fieras con más agrado que todas las imitaciones realizadas por pintores y escultores; y podrá ver en la anciana y el anciano solo una plenitud y madurez, y en los niños solo verá su tierno encanto, si los mira con estos ojos sabios. Y muchas cosas semejantes se encontrarán al alcance, pero no de cualquiera, sino que únicamente lo estarán para quien de verdad está familiarizado con la naturaleza y sus obras.

[1] Todo lo que de cualquier modo es bello, bello es por sí mismo, y acaba en sí mismo por no considerar el elogio como parte de sí mismo. En consecuencia, no resulta mejor ni peor aquello que se ha elogiado. Digo esto incluso hablando de cosas que por lo general se toman por bellas, como, por ejemplo, los objetos materiales y los fabricados por un artista. Pero, lo que de verdad es bello, ¿qué necesidad tiene de un elogio? No tiene más necesidad de ello que la ley, la verdad, la benevolencia o el pudor. ¿Cuál de estas cosas es bella por el hecho de ser elogiada o se destruye por el hecho de ser criticada? ¿Acaso es menos bella una esmeralda por no ser elogiada? ¿Y qué ocurre con el oro, el marfil, la púrpura, la lira, la daga, la flor o el árbol?

SOBRE EL SUEÑO

LIBRO VI, CAPÍTULO 31

[1] Vuelve en ti mismo y recóbrate y, cuando hayas vuelto a salir del sueño de nuevo y hayas comprendido que unas pesadillas te turbaban, mira, ya con los ojos de nuevo abiertos, estas cosas como miraste aquellas antes.

LIBRO VIII, CAPÍTULO 12

[1] Cuando despiertes con el pie izquierdo de un sueño, recuerda que está de acuerdo con tu constitución y con tu naturaleza humana corresponder con acciones útiles a la sociedad, y que dormir es también común a los seres irracionales. Además, lo que está de acuerdo con la naturaleza de cada uno le resulta más familiar, más connatural y, precisamente, también más agradable.

SOBRE LA FELICIDAD

LIBRO V, CAPÍTULO 37

[1] «En otro tiempo fui, en cualquier lugar donde se diera conmigo, una persona afortunada». Pero ser afortunado consiste en haberte asignado a ti mismo un buen lote de fortuna; y un buen lote de fortuna son buenas tendencias del alma, buenos impulsos, buenas acciones.

LIBRO VII, CAPÍTULO 17

[1] La felicidad es un buen genio o un buen criterio. Entonces ¿qué haces aquí, representación? ¡Márchate, por los dioses, como viniste! No te necesito. Has venido siguiendo tu vieja costumbre. No me enfado contigo: solo márchate.

[1] Haya átomos o naturaleza, admítase primero que soy una parte del conjunto universal gobernado por la naturaleza; luego, que tengo cierto parentesco con las partes que son de mi mismo género. Teniendo en la mente esto, en tanto que soy una parte, no me contrariaré con nada de lo que me es asignado desde el conjunto universal. Pues el conjunto nada tiene que no convenga a sí mismo, dado que todas las naturalezas tienen esto en común y, sin embargo, la naturaleza del universo tiene el privilegio de no ser obligada por ninguna causa externa a generar nada que a sí misma perjudique.

[2] Precisamente, teniendo en mente que soy una parte del conjunto universal, que tales características tiene, aceptaré de buen grado todo suceso que sobrevenga. Y en la medida en que tengo cierto parentesco con las partes de mi mismo género, nada haré que pueda ir en contra de la

sociedad, sino al contrario, mi objetivo tenderá hacia mis congéneres y guiaré todo impulso mío hacia lo que interesa a la sociedad, alejándome de lo que le es contrario. Y, logrados así estos objetivos, forzosamente mi vida transcurrirá felizmente, del mismo modo que también tú concebirías próspera la vida de un ciudadano que transcurriese entre actividades útiles a los ciudadanos y que acoge con gusto lo que la ciudad le asigne.

LIBRO X, CAPÍTULO 36

[1] Nadie es tan afortunado que, en el momento de su muerte, no le acompañen algunas personas que acojan con gusto la funesta situación. «Fue diligente y sabio». En el último término habrá alguno que diga para sí: «al fin vamos a respirar, libres de este preceptor». «Con ninguno de nosotros era severo, pero me daba cuenta de que, a la chita callando, nos criticaba a todos». Esto, en efecto, se dirá respecto al hombre diligente. Por lo que a nosotros

se refiere, ¡cuántas cosas habrá por las que muchos desean verse libres de nosotros! Esta reflexión te harás al morir, y bastante más a gusto te irás de este mundo si te dices esas reflexiones: «me alejo de una vida tal, que en el curso de ella mis propios compañeros, por los que tanto luché, supliqué, me desvelé, ellos mismos quieren echarme, con la esperanza de obtener cierta comodidad con mi partida». ¿Por qué iba a resistirse alguien a una estancia más prolongada aquí? Sin embargo, no por eso te vayas con el ánimo peor dispuesto con ellos; al contrario, conserva tu carácter propio, amistoso, benévolo y favorable, y no, al revés, como si fueras arrancado, sino que, igual que en una buena muerte el alma parte fácilmente del cuerpo, así también debe producirse tu alejamiento de estos. Pues con estos la naturaleza te ensambló y te mezcló. Pero ahora te separa. Me separo como de mis íntimos sin oponer resistencia, sin violencia. Porque también esto es un hecho conforme a la naturaleza.

SOBRE EL PLACER Y EL DOLOR

LIBRO II, CAPÍTULO 10

[1] En un plano filosófico Teofrasto afirma, en su comparación de los errores (cómo podría compararlos un hombre según el sentido común), que los errores cometidos por concupiscencias son más graves que los cometidos por ira. Porque el hombre que estalla de ira parece desviarse de la razón con cierta pena y congoja interior; mientras que la persona que yerra por concupiscencia, derrotada por el placer, se muestra más floja y menos viril en sus errores. Correctamente y de manera digna de la filosofía, afirmó que el que yerra con placer merece mayor reprobación que el que yerra con dolor. En definitiva, el primero se parece más a un hombre que ha sido víctima de una injusticia previa y que se ha visto forzado a estallar de ira por dolor; el segundo se

ha lanzado a la injusticia por sí mismo,
movido a actuar por concupiscencia.

LIBRO VI, CAPÍTULO 34

[1] ¡En qué poderosos placeres se han
deleitado ladrones, depravados sexuales,
parricidas y tiranos!

LIBRO VII, CAPÍTULO 33

[1] Sobre el dolor: lo insoportable
saca de quicio, lo crónico es soportable.
La inteligencia conserva por contención
su propia serenidad y no va en detri-
mento del guía interior. Y, sobre las partes afectadas por el dolor, si pueden, que
se manifiesten al respecto.

LIBRO VII, CAPÍTULO 64

[1] En cualquier momento de dolor ten
a mano esta reflexión: no es deshonroso
ni deteriorará la inteligencia que dirige
mi timón; pues no la destruye en tanto

que es racional y social. En los momentos de mayor dolor, sin embargo, préstate auxilio con la máxima de Epicuro: el dolor no es ni insoportable, ni eterno, si recuerdas sus límites y no lo aumentas con tu imaginación. Recuerda también que muchas cosas que son lo mismo que el dolor nos molestan y no somos plenamente conscientes de ellas, por ejemplo, adormecerse, pasar un calor sofocante y no tener apetito. Luego, siempre que te disgustes con alguna de esas cosas, dite a ti mismo: sucumbes al dolor.

LIBRO VIII, CAPÍTULO 28

[1] El dolor, o es un mal para el cuerpo, y por consiguiente lo manifestará, o para el alma. Pero a esta le es posible conservar su propia serenidad y calma, y no opinar que el dolor sea un mal. Porque todo juicio, impulso, deseo y aversión están en nuestro interior, y nada alcanza hasta aquí.

[1] No están el bien y el mal en el sufrimiento del ser racional y social, sino en la acción, como tampoco lo están su propia virtud y vicio en el sufrimiento, sino en la acción.

LIBRO IX, CAPÍTULO 41

[1] Epicuro dice: «en el curso de mi enfermedad no tenía conversaciones acerca de mis sufrimientos del cuerpo, ni con mis visitantes, añade, tenía charlas de este tipo, sino que seguía ocupándome de los principios de los asuntos naturales, y, además de eso, de ver cómo la inteligencia, si bien participa de las afecciones que afectan a la carne, sigue imperturbable atendiendo a su propio bien; tampoco daba a los médicos, afirma, oportunidad de pavonearse por sus servicios, sino que mi vida pasaba feliz y digna».

En consecuencia, procede igual que aquel, en la enfermedad, si caes enfermo, y en cualquier otra circunstancia, porque el no apartarse de la filosofía en cualquier circunstancia que sobrevenga, y el no parlotear con el profano el estudio de la naturaleza, es un precepto común a toda escuela.

Dedícate solo a lo que ahora estás haciendo y al instrumento con el que lo haces.

LIBRO XII, CAPÍTULO 19

[1] Date cuenta de una vez de que posees algo más poderoso y más divino (en tanto que del demon) en tu propio interior que lo que provoca las pasiones y lo que, en resumen, te zarandea como una marioneta. ¿Cuál es ahora mi pensamiento? ¿El miedo? ¿El recelo? ¿El anhelo? ¿Alguna otra pasión como estas?

SOBRE LA VEJEZ

LIBRO III, CAPÍTULO 1

[1] No solo esto debe tomarse en cuenta, que día a día se va consumiendo la vida y queda una parte menor de ella, sino que también se debe tener en cuenta que, si una persona vive demasiado, no está claro si su inteligencia será igualmente capaz en adelante para la comprensión de las cosas y de la teoría que tiende al conocimiento de las cosas divinas y humanas. Pues, cuando empiece a debilitarse, uno no deja de respirar, alimentarse, formarse representaciones, sentir impulsos ni tener otras cosas semejantes; pero se extingue antes la capacidad de servirse de sí mismo, de analizar cuántos son nuestros deberes, de analizar las apariencias, de detenerse a reflexionar sobre si ya ha llegado el momento de abandonar esta vida y cuantas necesidades semejantes

31

requieren el ejercicio activo de la razón. Es necesario, entonces, apresurarse no solo porque a cada instante estamos más cerca de la muerte, sino también porque cesa antes la comprensión de las cosas y la capacidad de acomodarnos a ellas.

LIBRO III, CAPÍTULO 14

[1] No le des más vueltas, pues no vas a leer tus memorias, ni tampoco las hazañas de los antiguos romanos y griegos, ni las selecciones de escritos que te reservabas a ti mismo para tu vejez. Al contrario, apresúrate a la meta, y renuncia a las vanas esperanzas y acude en tu propia ayuda, si es que algo de ti mismo te importa, mientras aún te sea posible.

LIBRO VIII, CAPÍTULO 21

[1] Observa desde todos los ángulos cómo es, y cómo va a ser después, al envejecer, enfermar y expirar. Corta es la vida del que elogia y del elogiado, del

que recuerda y del recordado. Además, sucede que en este rincón del mundo tampoco aquí se ponen todos de acuerdo, y ni siquiera uno lo hace consigo mismo. Y así, toda la tierra es un punto.

SOBRE LA MUERTE

LIBRO II, CAPÍTULO 12

[1] Qué rápido desaparece todo. En
el universo los propios cuerpos y en el
tiempo los recuerdos de ellos. Cómo son
todas las cosas sensibles, y especialmente
las que nos seducen por el placer o nos
asustan por el dolor o las que nos gritamos por orgullo. Cuán viles son todas
estas cosas, despreciables, sórdidas, fáciles de destruir y cadavéricas, esto debe
estar al alcance de la facultad intelectiva.
¿Quiénes son esos cuyas opiniones y
palabras procuran buena fama o la infamia? ¿Qué es el morir? Pues si uno mira
solo a la muerte y deshace por división
conceptual los aparecidos que envuelven al morir, ya no supondría otra cosa
sino que es una obra de la naturaleza. Y
si alguien teme una obra de la naturaleza, es un niño. Pero no solo el morir

es una obra de la naturaleza, sino también una obra útil a la naturaleza. Cómo la persona entra en contacto con el dios, con qué parte de sí mismo y, en resumen, cómo está dispuesta esa pequeña porción de la persona.

LIBRO III, CAPÍTULO 3

[1] Hipócrates, quien había curado multitud de enfermedades, enfermó él también y murió. Los caldeos predijeron la muerte de muchos y también a ellos les alcanzó el destino. Alejandro, Pompeyo y Gayo Julio César, quienes tantas veces habían arrasado hasta los cimientos ciudades enteras y desbaratado en combate infinitas líneas de jinetes e infantes, también ellos acabaron por marchar de la vida. Heráclito, quien había especulado tanto sobre la conflagración del universo, hinchado de agua por dentro y recubierto de estiércol, murió. A Demócrito le mataron los gusanos, a Sócrates otros gusanos distintos. ¿Qué significa

esto? Embarcaste, cruzaste los mares, arribaste: desembarca. Si a otra vida, tampoco allí está vacía de dioses; pero si a la insensibilidad, cesarás de sufrir pesares y placeres y de servir a un recipiente corporal tanto peor cuanto mejor es ser dueño que esclavo: en efecto, aquello es inteligencia y genio; esto tierra y sangre con polvo.

LIBRO IV, CAPÍTULO 15

[1] Había muchos granos de incienso sobre el mismo altar: unos se consumieron antes, otros más tarde. Eso no los hace diferentes.

LIBRO IV, CAPÍTULO 32

[1] Piensa, por ejemplo, en los tiempos de Vespasiano. Verás siempre las mismas cosas: gente casándose, criando a sus hijos, cayendo enfermos, muriendo, haciendo la guerra, celebrando fiestas, comerciando, trabajando la tierra,

adulando, mostrando arrogancia, desconfiando, conspirando, deseando la muerte de otros, quejándose de la situación presente, follando, atesorando, ambicionando los poderes de un cónsul, los del propio emperador. Pues bien, la vida de esta gente ya no existe en ninguna parte.

Pasa ahora a los tiempos de Trajano.

[2] Verás siempre las mismas cosas; también aquella vida ha muerto. De igual modo también observa y pon el ojo en el resto de documentos de los tiempos y de todas las naciones; cuántos, tras denodados esfuerzos, cayeron poco después y se desintegraron en los elementos. Y especialmente debes reflexionar sobre aquellas personas que tú mismo viste esforzarse en vano, y olvidaban hacer lo acorde con su particular constitución: mantenerse inseparables de esto y conformarse con esto. De tal forma es necesario tener en mente que la atención adecuada a cada acción tiene su propia importancia y proporción. Pues así no te lamentarás, por

haberte ocupado más tiempo del apro-
piado en tareas que no lo merecían.

LIBRO IV, CAPÍTULO 34

[1] Entrégate a la Hilandera del destino por tu propia mano y tejed juntos la
trama de sucesos que ella quiera.

LIBRO IV, CAPÍTULO 48

[1] Piensa en todo momento cuántos
médicos han muerto después de haber
fruncido muchas veces el ceño sobre sus
enfermos; cuántos astrólogos, después de
haber predicho la muerte de otros como
un hecho importante; cuántos filósofos,
después de haber mantenido innumera-
bles conversaciones sobre la muerte o la
inmortalidad; cuántos gobernantes, después de haber matado a muchos; cuántos
tiranos, después de haber abusado, como
si fueran dioses, de su poder sobre las
demás almas con una arrogancia supina, y
cuántas ciudades enteras, por así decirlo,

han muerto: Hélice, Pompeya, Herculano y otras incontables.

[2] Remóntate también, uno a uno, a todos cuantos has conocido. Este, después de haberse encargado de las exequias de uno, fue sepultado por otro. Y todo en un abrir y cerrar de ojos. En suma, examina siempre las cosas humanas como efímeras y banales: ayer, un moco; mañana, un cuerpo embalsamado o hecho ceniza. Por tanto, recorre este ínfimo lapso de tiempo de acuerdo con la naturaleza y acaba tu vida alegremente, como la aceituna que, llegada a la sazón, caería elogiando a la tierra que la llevó a la vida y dando gracias al árbol que la produjo.

LIBRO V, CAPÍTULO 29

[1] Del mismo modo que proyectas vivir después de salir de aquí, así te es posible vivir aquí; pero si no te lo permiten, entonces parte de esta vida, pero convencido de que no es ningún mal.

Hay mucho humo y me voy de aquí. ¿Por qué lo consideras como algo crucial? Mientras nada semejante me eche fuera, permanezco libre y nadie me impedirá hacer lo que quiero. Y quiero lo que está de acuerdo con la naturaleza de un ser vivo racional y social.

LIBRO V, CAPÍTULO 33

[1] Dentro de poco serás ceniza o esqueleto, y o bien un nombre o ni siquiera un nombre; y el nombre es un ruido y un eco. Las cosas más estimadas en la vida son vanas, corruptibles, pequeñas, perritos que se muerden, niños que encuentran un deleite en pelearse, que ríen y al momento siguiente lloran. La confianza, el pudor, la justicia y la verdad «al Olimpo, lejos de la tierra de anchos caminos». ¿Qué es, entonces, lo que todavía te retiene aquí, si las cosas sensibles son cambiantes y no es estable, si los sentidos son confusos y susceptibles de recibir fácilmente falsas impresiones,

y la misma alma es una exhalación de la sangre, y la buena reputación banal entre personas de tal condición? ¿Qué, entonces? Aguardarás benévolo tu extinción o tu cambio de estado. Paro, hasta que se dé aquella oportunidad, ¿qué basta? ¿Y qué otra cosa sino venerar y bendecir a los dioses, hacer bien a las personas, soportarlos y abstenerse? Y respecto a cuanto se halla dentro de los límites de tu carne y espíritu, harás bien en recordar que ni es tuyo ni depende de ti.

LIBRO VI, CAPÍTULO 28

[1] La muerte es el descanso de la impresión sensitiva, del impulso instintivo que nos dirige cual marionetas, del discurrir del pensamiento y de la servidumbre hacia la carne.

LIBRO VII, CAPÍTULO 32

[1] Sobre la muerte: o dispersión, en el caso de que seamos átomos divisibles;

o, en el caso de que seamos una unión indivisible, extinción o cambio de lugar.

LIBRO VII, CAPÍTULO 56

[1] Como persona que estaba muerta y sin vivir hasta hoy, te digo que hay que vivir lo que reste de acuerdo con la naturaleza.

LIBRO VIII, CAPÍTULO 58

[1] El que teme a la muerte, o teme la falta de percepción u otro tipo de percepción. Pero si ya no tienes capacidad de percibir, tampoco percibirás ningún mal. Y si adquieres una percepción diferente, serás un ser indiferente y no dejarás de vivir.

LIBRO IX, CAPÍTULO 33

[1] Todo cuanto ves ahora, muy pronto será destruido y los que han visto esta destrucción muy pronto serán destruidos

también; y el que murió de viejo acabará igual que el que murió prematuro.

LIBRO X, CAPÍTULO 29

[1] Detente, en particular, en cada una de las cosas que haces y pregúntate a ti mismo si la muerte es terrible por privarte de ellas.

SOBRE LA OPINIÓN Y LA FAMA

LIBRO II, CAPÍTULO 15

[1] «Que todo es opinión». Evidente es lo que se dice referido al cínico Mónimo. Evidente, también, la utilidad de lo que se dice, si uno acepta lo sustancial de lo dicho, en la medida en que es verdad.

LIBRO IV, CAPÍTULO 16

[1] Dentro de diez días les parecerás un dios a quienes ahora pareces una bestia y un macaco, si vuelves de nuevo a los principios y la veneración de la razón.

LIBRO IV, CAPÍTULO 19

[1] Quien se preocupa por la fama póstuma no se imagina que cada uno de los que lo recuerdan morirá también muy

pronto; luego, a su vez, morirá el que le ha sucedido, hasta que se extinga todo recuerdo en un progresivo avance a través de vidas que se encienden y se apagan. Pero pon por caso que son incluso inmortales los que te recuerdan, e inmortal sería el recuerdo. ¿Qué te importa esto? Y no quiero decir que nada le importa al muerto, sino que al vivo, ¿qué le importa el elogio? Salvo que ofrezca ventajas a su administración familiar. Abandonas, pues, ahora, inoportunamente el don de la naturaleza, ateniéndote a alguna otra razón.

LIBRO IV, CAPÍTULO 35

[1] Todo es efímero: tanto el que recuerda como lo recordado.

LIBRO VI, CAPÍTULO 18

[1] ¡Qué cosas hacen! No quieren hablar bien de las personas de su tiempo y que vienen junto a uno mismo, y, en

cambio, estos mismos tienen en lo más alto ser elogiados por las generaciones venideras, a quienes nunca verán, lo cual está cerca de ser como si te pones triste, porque tus antepasados no te dedicaron palabras de elogio.

LIBRO VI, CAPÍTULO 51

[1] Quien ama la fama considera como un bien propio la actividad ajena, quien ama el placer, su propia pasión, quien tiene inteligencia, la actividad propia.

LIBRO VII, CAPÍTULO 6

[1] ¡Cuántas personas, que fueron muy celebradas, han caído ya en el olvido! ¡Y cuántas personas que las celebraron entonces también se han marchado!

LIBRO VII, CAPÍTULO 21

[1] Cerca está tu olvido de todo, cerca el olvido de todo respecto a ti.

LIBRO XII, CAPÍTULO 22

[1] Que todo es opinión y esta depende de ti. Acaba, entonces, cuando quieras con la opinión, y te ocurrirá de igual modo que cuando doblas un cabo: calma, quietud plena y golfo sin olas.

LIBRO XII, CAPÍTULO 25

[1] Una vez eches a fuera la opinión, estarás a salvo. ¿Quién te impide expulsarla?

SOBRE LAS VIRTUDES

LIBRO VI, CAPÍTULO 48

[1] Siempre que quieras alegrarte a ti mismo, piensa en los méritos de los que viven contigo, por ejemplo, la energía de uno, la discreción de otro, la generosidad de un tercero o cualquier otra cualidad de cualquier otro. Pues nada alegra tanto como los ejemplos de las virtudes, al manifestarse en el carácter de los que viven con nosotros y, en la medida de lo posible, que se den agrupadas. Por eso deben estar siempre al alcance de la mano.

LIBRO VII, CAPÍTULO 63

[1] «Toda alma, afirma, según Epicteto, Platón, se ve privada contra su voluntad de la verdad». Y añado que así también de la justicia, la prudencia, la

benevolencia y de cualquier virtud semejante. Y es muy necesario recordarlo en
todo momento, pues te ayudará a ser más
indulgente con todo el mundo.

LIBRO VII, CAPÍTULO 69

[1] La perfección moral consiste
en esto: pasar cada día como si fuera el
último, sin sufrir convulsiones, sin estar
entorpecido, sin ser falso.

LIBRO VIII, CAPÍTULO 39

[1] En la constitución de un ser racional no veo facultad que se enfrente a la
justicia, pero sí veo el autocontrol frente
al placer.

SOBRE EL ALMA

LIBRO II, CAPÍTULO 16

[1] El alma de la persona se afrenta a sí misma, sobre todo, cuando, en lo que depende de ella, se convierte en una pústula y en algo parecido a una excrecencia del mundo. Porque enojarse con algún suceso de los que se presentan es una separación de la naturaleza, en cuya parcela se contienen las naturalezas de cada uno de los demás seres. En segundo lugar, se afrenta también, cuando siente aversión a cualquier persona o se comporta como un enemigo con intención de dañarla, así, por ejemplo, son las naturalezas de los que montan en cólera. En tercer lugar, se afrenta a sí misma, cuando sucumbe al placer o al pesar. En cuarto, cuando es falsa y hace o dice algo fingiendo o faltando a la verdad. En quinto, cuando deja escapar una activi-

dad o impulso que le es propio, sin perseguir ningún objetivo, sino que lo deja al azar e inconsecuentemente realiza cualquier cosa, siendo así que, incluso las más pequeñas actividades deberían llevarse a cabo con miras a un fin. Y el fin de los seres racionales es obedecer la razón y la ley de la ciudad y constitución más venerable.

LIBRO IV, CAPÍTULO 21

[1] Si las almas perduran, ¿cómo, desde la eternidad, consigue el aire contenerlas? ¿Y cómo la tierra es capaz de contener los cuerpos de los que vienen enterrándose desde hace tantísimos siglos? Pues de igual modo que en la tierra, en la que, después de cierta permanencia, la transformación y disolución de estos cuerpos hace sitio a otros cadáveres, así también las almas trasladadas al aire, en el que, después de permanecer cierto tiempo, se transforman, se dispersan y arden, reasumidas en la

razón inseminadora del conjunto universal, y, de esta manera, dejan espacio a las almas que vienen a habitarlo. Esto respondería sobre la hipótesis de si perduran las almas.

[2] Y es necesario considerar no solo la multitud de cuerpos así enterrados, sino también la de los animales que cada día comemos e incluso el resto de seres vivos. Pues, qué gran número es consumido y así, en cierto modo, es enterrado en los cuerpos de quienes se alimentan con ellos. Y, sin embargo, tienen sitio porque pasan a la sangre, porque se transforman en aire y fuego.

¿Cómo investigar la verdad sobre este tema? Mediante la distinción entre la causa material y la formal.

LIBRO IV, CAPÍTULO 41

[1] «Eres un alma que alimenta un cadáver», como dijo Epicteto.

[1] Como formas tus representaciones en repetidas ocasiones, tal será tu inteligencia, pues el alma se impregna con sus representaciones. Imprégnala, pues, con una sucesión de pensamientos como, por ejemplo, que donde es posible vivir, allí también se puede vivir bien y es posible vivir en palacio, luego es posible también vivir bien en palacio. Y, además, que cada ser tiende hacia el fin por el cual fue constituido y adonde tiende, ahí está su fin. Y donde está el fin, allí también la conveniencia y el bien de cada uno. Ahora bien, el bien del ser racional es la sociedad. Pues que hemos nacido para vivir en sociedad, hace tiempo que quedó demostrado. ¿Acaso no estaba claro que los seres inferiores existen en razón de los superiores y los superiores en razón los uno de los otros? Y los seres animados son superiores a los inanimados, y los racionales superiores a los animados.

LIBRO V, CAPÍTULO 19

[1] Los hechos por sí solos no tocan en absoluto el alma ni tienen acceso a ella ni pueden desviarla ni conmoverla. Tan solo ella se desvía y conmueve a sí misma, y hace que las cosas que le sobrevienen sean como los juicios que considera dignos de sí misma.

LIBRO V, CAPÍTULO 32

[1] ¿Por qué almas incultas e ignorantes confunden tu alma culta y conocedora? ¿Cuál es, pues, un alma culta y conocedora? La que conoce el principio y el fin y la razón que recorre la sustancia del conjunto universal y que, a lo largo de toda la eternidad, gobierna el Todo de acuerdo con períodos determinados.

LIBRO VI, CAPÍTULO 29

[1] Es una vergüenza que en la vida en la que tu cuerpo no se rinde, en esta se rinda antes tu alma.

LIBRO VI, CAPÍTULO 52

[1] Cabe la posibilidad, sobre esto, de no forjarse opinión alguna y de no turbar el alma. Pues los hechos, por sí mismos, no tienen una naturaleza capaz de crear nuestros juicios.

LIBRO IX, CAPÍTULO 8

[1] Una única alma ha sido distribuida entre los seres irracionales, una única alma inteligente ha sido repartida entre los seres racionales, como también una sola es la tierra de todos los seres terrestres y con una sola luz vemos y un único aire respiramos cuantos estamos dotados de vista y de alma.

LIBRO IX, CAPÍTULO 27

[1] Cuando otro te insulte, odie, o te ladre palabras semejantes, acércate a su alma, adéntrate en ella y mira qué clase de gente es. Verás que no debes ser una marioneta movida por la opinión de otros. Sin embargo, debes ser benevolente con los demás, porque son, por naturaleza, tus amigos. También los dioses les prestan completo auxilio, a través de sueños, a través de oráculos, para que, pese a esto, consigan alcanzar lo que les crea el desasosiego.

LIBRO X, CAPÍTULO 1

[1] ¿Serás algún día, alma mía, buena, sencilla, única, desnuda, más manifiesta que el cuerpo que te envuelve? ¿Probarás algún día la disposición del amor y del cariño? ¿Serás algún día completa, te hallarás sin necesidades, sin echar nada de menos, sin ambicionar nada, ni animado ni inanimado, para el goce de tus

placeres, sin desear siquiera un plazo de tiempo en el cual prolongues tu goce, ni tampoco un lugar, un país, un aire más apacible, ni una buena armonía entre las personas? ¿Te bastará con tu situación presente, estarás satisfecha con todas tus circunstancias presentes, te convencerás a ti misma de que todo lo que te sobreviene es de los dioses, que todo te va bien y te irá bien, y además, de que te será favorable todo cuanto ellos gusten y cuanto tienen intención de conceder para la salvación del ser perfecto, bueno, justo y bello, que todo lo produce, que contiene, retiene y abarca todo lo que, una vez disuelto, generará otras cosas iguales? ¿Serás tú algún día tal, que puedas convivir como ciudadano con los dioses y con los hombres, hasta el punto de que no les hagas reproches ni seas condenado por ellos?

LIBRO XI, CAPÍTULO 1

[1] Las propiedades del alma racional: se ve a sí misma, se analiza a sí misma,

hace de sí misma lo que quiere, recoge ella misma el fruto que produce (pues los frutos de las plantas y los correspondientes de los animales otros los recogen), alcanza su propio fin, en cualquier momento que se presente el término de su vida. No queda incompleta la acción entera, si se corta en un punto, como en la danza, la representación teatral y en cosas parecidas, sino que en todas partes y dondequiera que se la sorprenda, hace completa y sin necesidades su propio propósito, de modo que puede decir: «Yo recojo lo mío».

[2] Más aún, recorre el universo entero, el vacío que lo circunda y su forma; se extiende en la infinitud del tiempo, abarca en torno suyo el renacimiento periódico del conjunto universal, capta y observa que nada nuevo verán nuestros descendientes, al igual que tampoco vieron nuestros antepasados nada más sorprendente, sino que, en cierto modo, quien alcanza los cuarenta años, con la inteligencia que tenga, ha visto

todo el pasado y el futuro y sus similitudes. Propio del alma racional también es el amar al prójimo, la verdad y el pudor, y no estimar nada por encima de sí misma, lo cual también es propio de la ley. Por tanto, en nada difieren la recta razón y la razón de la justicia.

LIBRO XI, CAPÍTULO 12

[1] La esfera del alma es semejante a sí misma, siempre que no se extienda fuera de sus límites, ni se repliegue hacia dentro, ni se disemine, ni se condense, sino que brille con una luz gracias a la cual vea la verdad de todas las cosas y la que hay en ella.

LIBRO XII, CAPÍTULO 30

[1] Una sola es la luz del sol, aunque esté dividida por muros, montes u otras incontables cosas; una sola es la sustancia común, aunque esté dividida en incontables cuerpos con sus particularidades;

una sola es el alma, aunque esté dividida en incontables naturalezas y delimitaciones particulares. Una sola es el alma intelectiva, aunque parezca estar fragmentada. Las demás partes mencionadas, como los soplos y los objetos sensibles, carecen de sensibilidad y no guardan parentesco entre sí. Sin embargo, también a aquellas las contiene el principio de unidad y el peso que las atrae. Y la inteligencia tiende propiamente a lo que es da su mismo género, y se mantiene unida a ello, y esta pasión por mantenerse unido no es divisible.

SOBRE EL GENIO INTERIOR, UNA PARTE DE LA DIVINIDAD DENTRO DE TI

LIBRO II, CAPÍTULO 12

[1] Qué rápido desaparece todo. En el universo los propios cuerpos y en el tiempo los recuerdos de ellos. Cómo son todas las cosas sensibles, y especialmente las que nos seducen por el placer o nos asustan por el dolor o las que nos gritamos por orgullo. Cuán viles son todas estas cosas, despreciables, sórdidas, fáciles de destruir y cadavéricas, esto debe estar al alcance de la facultad intelectiva. ¿Quiénes son esos cuyas opiniones y palabras procuran buena fama o la infamia? ¿Qué es el morir? Pues si uno mira solo a la muerte y deshace por división conceptual los aparecidos que envuelven al morir, ya no supondría otra cosa sino que es una obra de la naturaleza. Y si alguien teme una obra de la natura-

leza, es un niño. Pero no solo el morir es una obra de la naturaleza, sino también una obra útil a la naturaleza. Cómo la persona entra en contacto con el dios, con qué parte de sí mismo y, en resumen, cómo está dispuesta esa pequeña porción de la persona.

LIBRO III, CAPÍTULO 6

[1] Si encuentras en la vida humana algo mejor que la justicia, la verdad, la prudencia, la valentía y, en resumen, el hecho de que tu inteligencia se baste a sí misma, en aquellas cosas que hace de ti que obres de acuerdo con la recta razón, y baste al destino en lo que nos toca sin haberlo elegido; si, digo, ves una cosa mejor que este hecho, vuélvete hacia él con tu alma entera y disfruta de lo mejor que hayas encontrado.

[2] Pero si nada mejor aparece que el propio demon, que en tu interior se erige, que ha sometido a su dominio los propios instintos, que vigila las representaciones

y que, como decía Sócrates, se ha deshecho de las pasiones más bajas, que se ha sometido a los dioses y que preferentemente se preocupa de las personas; si las demás cosas las encuentras más pequeñas y viles que esto, no cedas terreno a la otra opción, porque una vez te veas arrastrado e inclinado hacia ella ya no serás capaz de estimar preferente y continuamente aquel bien que te es propio y particular. Pues no es lícito oponer al bien racional y social otro bien de cualquier otro tipo, como el elogio de la muchedumbre, los cargos, la riqueza o el disfrutar de placeres.

[3] Todas esas cosas, aunque parezcan por un instante que armonizan con la naturaleza, de inmediato se imponen y nos desvían. Pero tú, digo, elige sencilla y libremente lo mejor y presérvalo. «Pero lo mejor es lo conveniente». Si lo es para ti, en tanto que ser racional, obsérvalo. Pero si lo es en tanto que ser animal, manifiéstalo y guarda tu juicio sin orgullo. Trata solo de hacer tu examen de un modo seguro.

LIBRO VII, CAPÍTULO 67

[1] La naturaleza no te mezcló con el compuesto de tal modo que no te permitiera definirte a ti mismo y someter a ti mismo lo que es propio de ti mismo. Pues es demasiado convertirse en hombre divino y no ser reconocido por nadie. Ten siempre en el recuerdo esto y aún más otra cosa relevante: en poquísimas cosas radica la vida feliz. Y no renuncies, porque perdieras tu confianza en llegar a ser un dialéctico o un físico, sobre la base de eso a ser libre, modesto, sociable y obediente al dios.

LIBRO X, CAPÍTULO 38

[1] Recuerda que lo que te mueve como una marioneta es un algo que está oculto en tu interior; este algo es una elocuencia, es una vida, es, si hay que decirlo, una persona. Nunca lo representes confundido con el recipiente que lo contiene ni con los miembros modela-

dos que lo envuelven. Pues son semejantes a un hacha de doble filo: una unidad diferenciada, en tanto que las partes son connaturales. Porque ninguna utilidad se deriva de estas partes sin la causa que los mueve y da vigor superior a la que tiene la lanzadera para la tejedora, la pluma para el escriba y el látigo para el conductor.

LIBRO XI, CAPÍTULO 19

[1] Debemos guardarnos constantemente y en especial de cuatro desviaciones del guía interior y, cuando las hayas descubierto, debes dejarlas de lado diciendo así sobre cada una de ellas: «esta representación no es necesaria, esta es disgregadora de la sociedad, esta no la dirás mientras salga de ti mismo». Pues decir lo que no sale de ti mismo considéralo entre las cosas más absurdas. Y la cuarta desviación, por la que te reprocharás a ti mismo, es que la parte más divina que se halla dentro de ti esté sometida e inclinada hacia la parte menos valiosa y

mortal, la del cuerpo y sus impulsos gro-
seros y bajos.

LIBRO XII, CAPÍTULO 1

[1] Todas las cosas que deseas alcanzar en tu progreso puedes ya tenerlas si
no te las escatimaras a ti mismo. Esto es:
si abandonaras todo el pasado, confiaras
a la providencia el futuro y enderezaras
el presente exclusivamente hacia la piedad y la justicia. Hacia la piedad, para
que ames la parte que te ha sido repartida, pues la naturaleza te la trajo para ti
y a ti para ella. Hacia la justicia, para que
libremente y sin enredos digas la verdad y
obres de acuerdo con la ley y de acuerdo
con la dignidad. No te obstaculice ni la
maldad ajena, ni su opinión, ni su voz, ni
tampoco la sensación de la carne que ha
crecido en torno a tu cuerpo: en efecto,
lo verá el que esto sufra.

[2] Así pues, si, cuando está próxima
tu partida, dejas todo lo demás y hon-
ras exclusivamente a tu parte rectora y la

parte divina que se halla en ti; si no temes el poner fin un día a tu vida, sino el hecho de no haber empezado a vivir nunca conforme a la naturaleza, serás una persona digna del universo que te engendró y dejarás de ser un extraño a tu patria y dejarás también de admirar como inverosímil los sucesos de cada día, así como de estar pendiente de esto y de aquello.

PRINCIPIOS ELEMENTALES

LIBRO II, CAPÍTULO 17

[1] El tiempo de la vida humana, un punto; su sustancia, fluida; su sensación, turbia; la composición del conjunto del cuerpo, corruptible; su alma, una peonza; su fortuna, algo difícil de explorar; su fama, indescifrable. En pocas palabras: todo lo que pertenece al cuerpo, un río; lo que es propio del alma, sueño y vapor; la vida, guerra y exilio; la fama póstuma, olvido.

[2] Entonces, ¿qué nos puede acompañar en el camino? Única y exclusivamente la filosofía. Y esta consiste en preservar el genio interior, exento de ultrajes y de dueño, ser superior a placeres y dolores, sin hacer nada al azar, sin valerse de la mentira ni de la hipocresía, al margen de lo que otro haga o deje de hacer; más aún, aceptando lo que acon-

tece y se le ha asignado en suerte, como procediendo de aquel lugar de donde él mismo ha venido. Y sobre todo, aguardando la muerte con un pensamiento propicio, en la convicción de que esta no es otra cosa que disolución de elementos de que está compuesto cada ser vivo. Y si para los mismos elementos nada temible hay en el hecho de que cada uno se transforme de continuo en otro, ¿por qué recelar de la transformación y disolución de todas las cosas? Pues esto es conforme a la naturaleza, y nada hay malo si es conforme a la naturaleza.

LIBRO IV, CAPÍTULO 36

[1] Observa de continuo que todo nace por transformación, y habitúate a pensar que nada ama tanto la naturaleza del Todo como transformar las cosas existentes y crear nuevos seres semejantes. Todo ser, en cierto modo, es una semilla de la que otra cosa surgirá de ella. Pero tú solo te representas las semillas que se echan en

tierra o en una matriz. Y esto es de una ingenuidad excesiva.

LIBRO VII, CAPÍTULO 16

[1] Mi guía interior no se perturba por sí mismo; quiero decir, no se asusta ni se entristece. Y si algún otro es capaz de asustarle o de entristecerle, hágalo. Pues él, por sí mismo, no se moverá por su propio criterio a semejantes alteraciones. Preocúpese el cuerpo, si puede, de no sufrir nada. Y si sufre, que lo diga. También el espíritu animal, que se asusta, que se entristece. Pero lo que, en suma, piensa sobre estas afecciones, no hay ningún temor que sufra, pues su condición no le impulsará a un juicio semejante. El guía interior, por su misma condición, carece de necesidades, a no ser que se las fabrique a sí mismo, y por eso mismo no tiene perturbaciones ni obstáculos, a no ser que a sí mismo se perturbe y se obstaculice.

[1] También eso te lleva a no sentir la vanagloria, el hecho de que ya no puedes haber vivido tu vida entera, o al menos la que transcurrió desde tu juventud, como un filósofo; sino que has dejado en claro para otras muchas personas, e incluso para ti mismo, que estás alejado de la filosofía. Estás, pues, confuso, de manera que ya no te va a resultar fácil conseguir la fama de filósofo. A ello se oponen incluso los fundamentos de tu vida. Si en efecto has visto de verdad dónde está la cuestión, olvídate de la opinión que causarás. Te debe bastar vivir el resto de tu vida, dure lo que dure, como tu naturaleza quiere. Por consiguiente, piensa qué quiere, y que nada más te inquiete. Te has dado cuenta de en cuántas cosas anduviste sin rumbo, y en ninguna parte hallaste la vida feliz, ni en los silogismos, ni en la riqueza, ni en la gloria, ni en el goce, en ninguna parte. ¿Dónde está, entonces? En hacer lo que exige la natu-

raleza humana. ¿Cómo lograrlo? Con la posesión de los principios de los cuales dependen los impulsos y las acciones. ¿Qué principios? Los concernientes al bien y al mal, en la convicción de que nada es bueno para el ser humano, si no le hace justo, prudente, valiente, libre; como tampoco nada es malo, si no le produce los efectos contrarios a lo dicho.

LIBRO XII, CAPÍTULO 29

[1] La salvación de la vida consiste en ver en su totalidad qué es cada cosa en sí misma, cuál es su materia y cuál es su causa. En practicar la justicia con toda el alma y en decir la verdad. ¿Qué queda entonces sino disfrutar de la vida, uniendo bien con bien, hasta el punto de no dejar entre ellas el mínimo espacio?

SOBRE LA SERENIDAD Y LA INDIFERENCIA

LIBRO IV, CAPÍTULO 3

[1] Se buscan retiros en el campo, la costa y el monte. Tú también sueles anhelar tales retiros. Pero todo eso es de lo más vulgar, porque puedes, en el momento que quieras, retirarte en ti mismo. Pues en ninguna parte una persona se retira con mayor tranquilidad y más inactivamente que en su propia alma; sobre todo cualquiera que tenga en su interior tales bienes que, si se inclina hacia ellos, de inmediato consigue una tranquilidad total. Y llamo tranquilidad única y exclusivamente al buen orden. Concédete, pues, sin pausa, a ti mismo este retiro y recupérate. Sean breves y elementales los principios que, tan pronto los hayan encontrado, te bastarán para recluirte en toda tu alma y para enviarte

de nuevo sin enojo a aquellas cosas por las que te retiras.

[2] ¿Contra quién te enojas? ¿Contra la maldad de las personas? Reconsidera este juicio: los seres racionales han nacido los unos en razón de los otros, el tolerarlos es una parte de la justicia y sus errores son involuntarios. Reconsidera también cuántos, declarados ya enemigos, sospechosos u odiosos, atravesados por la lanza, están tendidos, reducidos a ceniza. Para de una vez. Pero ¿estás molesto por el lote que se te asignó del Todo? Rememora la disyuntiva «o una providencia o átomos», y gracias a cuántas pruebas se ha demostrado que el universo es como una ciudad. Pero ¿eres presa todavía de las cosas corporales? Date cuenta de que el pensamiento no se mezcla con el espíritu que se mueve suave o violentamente, una vez que se ha recuperado y ha comprendido su propio poder, y finalmente reconsidera cuanto has oído y aceptado respecto al pesar y al placer.

[3] ¿Acaso te arrastrará la vanagloria? Atiende a la presteza de todo olvido y al abismo del tiempo infinito por ambos lados, a la vaciedad del eco, a la volubilidad e irreflexión de los que parecen elogiarte, a la estrechez del lugar en que se circunscribe la gloria. Porque la tierra entera es un punto y de ella, ¿cuánto ocupa el rincón que habitamos? Y allí, ¿cuántos y de qué condición te elogiarán?

[4] Por tanto, recuerda el retiro que se halla en este campo de ti mismo. Y por encima de todo, no te atormentes ni te mantengas en tensión; antes bien, sé libre y mira las cosas como hombre, como persona, como ciudadano, como ser mortal. Y entre las máximas que tendrás a mano y hacia las que te inclinarás, sean estas dos: una, que las cosas no tocan el alma, sino que se mantiene afuera, desprovistas de temblor, y las turbaciones surgen de una única opinión interior. Y la otra, que todas esas cosas que ves, pronto se transformarán y ya no serán. Ten en cuenta

también constantemente de cuántas transformaciones has sido ya por casualidad testigo. «El universo es alteración; la vida, opinión», como dijo Demócrito.

LIBRO IV, CAPÍTULO 49

[1] Ser igual que el promontorio contra el que sin pausa se estrellan las olas. Este se mantiene firme, y en torno a él se adormece la espuma del oleaje. «¡Desdichado de mí, porque me aconteció eso!». Pero no, al contrario: «Soy afortunado, porque, a causa de lo que me ha acontecido, persisto hasta el fin sin pena, ni abrumado por el presente ni asustado por el futuro». Porque algo semejante pudo acontecer a todo el mundo, pero no todo el mundo hubiera podido seguir hasta el fin, sin pena, después de eso. ¿Y por qué, entonces, va a ser eso un infortunio más que esto buena fortuna? ¿Acaso denominas, en suma, desgracia de una persona a lo que no es un fallo de la naturaleza humana? ¿Y te parece un fallo de la

naturaleza humana lo que no va contra el deseo de su propia naturaleza?

[2] ¿Por qué? Has aprendido ese deseo. ¿Te impide este acontecimiento ser justo, magnánimo, sensato, prudente, reflexivo, leal, discreto, libre, y demás conjunto de virtudes con las que la naturaleza humana contiene lo que le es propio? Acuérdate, de ahora en adelante, de utilizar este principio para cualquier acontecimiento que te arrastre a la pena: no es eso mala suerte, sino buena suerte al soportarlo con dignidad.

LIBRO V, CAPÍTULO 2

[1] ¡Qué fácil es rechazar y borrar toda representación molesta o ajena, y de inmediato encontrarse en una calma total!

LIBRO V, CAPÍTULO 20

[1] En una de dos razones el ser humano es lo más estrechamente relacio-

nado con nosotros, en tanto que debemos hacerle bien y soportarlo. Pero en cuanto que algunos impiden los actos que nos son propios, se convierte el ser humano en una de las cosas indiferentes para mí, no menos que el sol, que el viento o que una bestia. Y por culpa de estos podría impedírseme alguna de mis actividades, pero por mi impulso y mi disposición no son impedimentos, dada mi capacidad de elección y adaptación a las circunstancias. Porque la mente derriba y desplaza todo lo que impide su actividad encaminada al proyecto propuesto, y se convierte en obra lo que retenía esta obra, y en camino lo que obstaculizaba este camino.

LIBRO V, CAPÍTULO 26

[I] Sea el guía interior y soberano de tu alma una parte indiferente al movimiento, suave o violento, de la carne, y no se entremezcle, sino que se circunscriba, y limite aquellas pasiones a los miembros. Y cuando estas avancen y alcancen la inteligencia, por efectos de esa otra simpatía, como en un cuerpo unido, entonces no hay que enfrentarse a la sensación, que es natural, pero tampoco agrega el guía interior de por sí la opinión de que se trata de un bien o de un mal.

LIBRO VI, CAPÍTULO 2

[1] Tiene que ser indiferente para ti pasar frío o calor, si cumples con tu deber, pasar la noche en vela o saciarte de dormir, ser criticado o elogiado, morir o hacer cualquier otra cosa. Pues es por una de estas cosas que se hacen en la vida por la que morimos. Basta también para esta acción «disponer bien el presente».

LIBRO VI, CAPÍTULO 45

[1] Cuanto acontece a cada uno, eso interesa al conjunto universal. Esto debería bastar. Pero además verás, si te has fijado atentamente, que lo que es útil a una persona, lo es también a otras per-

sonas. Considérese ahora «el interés» en la acepción más común, aplicada a las cosas indiferentes.

LIBRO IX, CAPÍTULO 31

[1] Imperturbabilidad con respeto a lo que acontece como resultado de una causa exterior y justicia en las cosas cuya causa procede de ti. Es decir, impulso y acción acaban en lo mismo: actuar de acuerdo con el bien común, sabiendo que es acorde con tu naturaleza.

LIBRO XI, CAPÍTULO 16

[1] Vivir de la manera más hermosa, esa facultad reside en el alma, si uno se mantiene indiferente con las cosas indiferentes. Y permanecerá indiferente, si observa cada una de ellas por separado y en conjunto, y recuerda que ninguna nos imprime una opinión acerca de ella, ni tampoco vienen hacia nosotros, sino que estas cosas permanecen estáticas, y

nosotros somos quienes forjamos los juicios sobre ellas mismas y, por así decirlo, las grabamos en nosotros mismos, siéndonos posible no grabarlas y siéndonos posible también, si lo hicimos sin darnos cuenta, borrarlas de inmediato. Porque poco durará semejante atención, y a partir de ese momento habrá terminado la vida. Pero ¿qué tiene de malo que esas cosas sean así? Pues, si es acorde con la naturaleza, alégrate con ellos y sea fácil para ti. Y si es contrario a la naturaleza, busca qué te corresponde de acuerdo con tu naturaleza y afánate en esto, aunque carezca de fama. Pues toda persona que busca su bien particular tiene perdón.

EL HOMBRE EN LA SOCIEDAD

LIBRO IV, CAPÍTULO 4

[1] Si la capacidad intelectiva nos es común, también la razón, según la cual somos racionales, nos es común. Si esto es así, la razón que ordena lo que debe hacerse o no, también es común. Si esto es así, también la ley es común. Si esto es así, somos ciudadanos. Si esto es así, participamos de una ciudadanía. Si esto es así, el mundo es como una ciudad. Pues, ¿de qué otra común ciudadanía se podrá afirmar que participamos todo el género humano? De allí, de esa común ciudad, proceden tanto la capacidad intelectiva misma como la razón y la ley. O ¿de dónde? Porque al igual que la parte de tierra que hay en mí ha sido desprendida de cierta tierra, la parte líquida, de otro elemento, el hálito vital, de cierta fuente, y la parte cálida e ígnea de una

fuente particular (pues nada sale de la nada, como tampoco nada va a lo que no es), del mismo modo también la capacidad intelectiva procede de alguna parte.

LIBRO V, CAPÍTULO 30

[1] La inteligencia del conjunto universal es social. Así, por ejemplo, ha hecho las cosas inferiores con respecto a las superiores y ha armonizado las superiores entre sí. Ves cómo ha subordinado, coordinado y distribuido a cada uno según su mérito, y ha atraído a los seres superiores con el objeto de una concordia entre sí.

LIBRO VI, CAPÍTULO 44

[1] Si, en efecto, deliberaron los dioses sobre mí y sobre lo que debe sucederme, bien deliberaron; pues un dios sin decisión no es cosa fácil ni siquiera de concebir. ¿Y por qué razón iban a desear hacerme daño? Pues ¿cuál sería su

beneficio o el de la comunidad, beneficio que es su mayor preocupación? Y en el caso de que no deliberaron específicamente sobre mí, sí deliberaron al menos profundamente sobre las cosas comunes y, dado que estas cosas me incumben y suceden por consecuencia de ello, debo abrazarlas y apreciarlas.

[2] Pero si es cierto que deliberan sobre nada (creer esto es impiedad, no hagamos sacrificios, ni elevemos súplicas, ni alcemos juramentos, ni los demás ritos que todos y cada uno hacemos en la idea de que van destinados a dioses presentes y que conviven con nosotros), si es cierto que sobre nada de lo que nos concierne deliberan, entonces me es posible deliberar a mí sobre mí mismo e indagar sobre mi conveniencia. A cada persona le conviene lo que está de acuerdo con su constitución y naturaleza, y mi naturaleza es racional y social. De este modo, mi ciudad y mi patria, en tanto que Antonino, es Roma, pero, en tanto que persona humana, el universo. En consecuencia,

lo que beneficia a estas ciudades es mi
único bien.

LIBRO VII, CAPÍTULO 5

[1] ¿Basta mi inteligencia para eso o
no? Si me basta, me sirvo de ella para
esta acción como instrumento dado por
la naturaleza del conjunto universal. Pero
si no me basta, o bien cedo el trabajo a
quien sea capaz de cumplirlo mejor, a
no ser, por otra parte, que eso sea de mi
incumbencia, o bien obro como pueda,
con la colaboración de la persona capaz
de hacer lo que en este momento es opor-
tuno y útil para la sociedad, con la ayuda
de mi guía interior. Porque lo que estoy
haciendo por mí mismo, o con otro, debe
tender, exclusivamente, a lo útil y armo-
nioso para con la sociedad.

LIBRO VII, CAPÍTULO 13

[1] Como existen los miembros del
cuerpo en los individuos, también los

seres racionales han sido constituidos, por este motivo, para una única acción común, aunque en cuerpos diferentes. Y más se te ocurrirá este pensamiento si muchas veces a ti mismo te dijeras: «Soy un miembro (*mélos*) del sistema constituido por seres racionales». Pero, si dijeras que eres parte (*méros*), con el cambio de una «R», no amas todavía de corazón al ser humano, todavía no te alegras completamente de hacerle favores; es más, si lo haces simplemente como un deber, eso es que no ves que te haces un bien a ti mismo.

LIBRO VIII, CAPÍTULO 56

[1] Para mi facultad de elección es tan indiferente la facultad de elección del vecino como su hálito vital y su carne. Pues, si bien es cierto que hemos nacido básicamente los unos para los otros, no lo es menos que nuestro individual guía interior tiene su propia soberanía. En otro caso, la maldad del vecino iba a ser,

inevitablemente, un mal mío, cosa que la divinidad no ve con buenos ojos, para que no dependiera de otro el hacerme desafortunado.

LIBRO IX, CAPÍTULO 23

[1] Al igual que tú mismo eres un miembro complementario del sistema social, así también toda tu actividad sea un miembro complementario de la vida social. Por consiguiente, toda actividad tuya que no se relacione de cerca o lejos con el fin común, trastorna la vida y no permite que sea una unidad, y es sediciosa, de igual modo que en el pueblo el que retira su parte personal a la concordia general.

LIBRO IX, CAPÍTULO 29

[1] La sustancia del conjunto universal es un torrente impetuoso. Todo lo arrastra. ¡Qué banales son esas personitas que se dedican a los asuntos ciudadanos y creen hacerlo como si fueran filósofos! Llenos

están de mocos. ¿Y entonces qué, persona cabal? Haz lo que ahora exige la naturaleza. Emprende tu cometido, si se te permite, y no prestes oídos a si alguien lo sabrá. No esperes la república de Platón; antes bien, confórmate, si progresas, aunque sea poquísimo, y piensa que este resultado no es poca cosa. Pues, ¿quién va a cambiar sus principios? Y fuera del cambio de principios, ¿qué otra cosa hay sino esclavitud de gente que se lamenta y que finge obedecer? Ve ahora y háblame de Alejandro, Filipo y Demetrio de Falero. Veré si habían comprendido cuál era el deseo de la naturaleza común y si se habían educado a sí mismos en estos principios desde niños. Pero si representaron tragedias, nadie me ha condenado a tener que imitarlos. Sencilla y discreta es la tarea de la filosofía: no me hagas caer en la vanagloria.

LIBRO XI, CAPÍTULO 8

[1] Una rama cortada de la rama contigua es imposible que no haya sido cortada

también del conjunto del árbol. De igual modo, una persona, al quedar separada de una sola persona, ha quedado fuera del conjunto de la sociedad. En efecto, otro corta la rama; sin embargo, la persona se separa a sí misma de su vecino cuando la odia y le da la espalda. E ignora que, de un golpe, se ha cercenado del conjunto de la sociedad. Pero al menos existe aquel regalo de Zeus, que dispuso el sistema social, ya que nos es posible unirnos de nuevo con el vecino y ser de nuevo un miembro complementario del conjunto universal. Sin embargo, si muchas veces se da tal separación, hace difícil unir y restablecer la parte separada. En suma, no es igual la rama que, desde un inicio, ha crecido y respirado con el árbol, que la nuevamente injertada después de haber sido cortada, digan lo que digan los arboricultores. Crecer con el mismo tronco, pero no tener los mismos principios.

CONSEJOS Y CITAS ÚTILES PARA LA REFLEXIÓN

LIBRO XI, CAPÍTULO 6

[1] En primer lugar, fueron representadas las tragedias como recuerdo de los acontecimientos humanos, y porque es natural que estos así sucedan, y para que no os apesadumbréis en la escena mayor con los dramas que os han divertido en la escena. Pues se ve la necesidad de que esto termine así, y que lo soporten quienes gritan, como Edipo: «¡Ah, Citerón!». Y dicen los autores de dramas algunas máximas útiles, como, y muy especialmente, aquella de Eurípides: «Si por los dioses mis dos hijos y yo hemos sido abandonados, también eso tiene un sentido». Y esta otra suya: «Pues con los hechos no hay que irritarse». Y: «Cosechad la vida como una espiga madura», y otras tantas parecidas.

[2] Después de la tragedia, se representó la Comedia Antigua, que contiene una libertad de expresión educativa y nos recuerda, por su propia franqueza, no estéril, evitar la arrogancia. Por motivos similares también Diógenes el Cínico tomaba esta franqueza. Y después de la Antigua, considera por qué fue acogida la Comedia Media, y más tarde, la Nueva, que, en poco tiempo, acabó siendo artificiosa forma de imitación de la vida. No se ignora que estos poetas han dicho también algunas cosas provechosas. Pero ¿a qué meta miraba el proyecto global de esta poesía y dramaturgia?

LIBRO IV, CAPÍTULO 26

[1] ¿Has visto aquello? Ve también eso. No te perturbes. Muéstrate sencillo. ¿Yerra alguien? Yerra consigo mismo. ¿Te ha acontecido algo? Está bien. Todo lo que te acontece estaba predeterminado y tramado por el conjunto universal desde el principio. En definitiva, breve

es la vida. Debemos aprovechar el presente de forma razonable y con justicia. Sé sobrio en relajarte.

LIBRO IV, CAPÍTULO 51

[1] Corre siempre por el camino más corto y el más corto es el que camina de acuerdo con la naturaleza. En consecuencia, en todo habla y actúa de la forma más sana, pues tal propósito libra de aflicciones, peleas, de toda preocupación domésticas y afectación.

LIBRO V, CAPÍTULO 17

[1] Perseguir lo imposible es propio de locos. Imposible es que los malvados no cometan alguna maldad.

LIBRO VI, CAPÍTULO 3

[1] Examina tu interior, que no se te escape de ninguna cosa ni su cualidad propia ni su mérito.

LIBRO VI, CAPÍTULO 6

[1] La mejor forma de defenderte es no ponerte al mismo nivel que ellos.

LIBRO VI, CAPÍTULO 19

[1] No pienses, si algo te supone un gran esfuerzo, que eso sea imposible para el ser humano; antes bien, si algo es posible y habitual al ser humano, piensa que también está a tu alcance.

LIBRO VI, CAPÍTULO 21

[1] Si alguien puede probar y demostrarme que pienso o actúo mal, con gusto cambiaré de proceder. Pues busco la verdad, por la que nunca fue nadie dañado; en cambio, sí se daña el que persiste en su propio engaño e ignorancia.

LIBRO VI, CAPÍTULO 54

[1] Lo que no aporta beneficio a la colmena, tampoco lo hace a la abeja.

LIBRO VII, CAPÍTULO 11

[1] Para el ser racional la misma acción resulta conforme a la naturaleza, si también es conforme a la razón.

LIBRO VII, CAPÍTULO 36

[1] Como Antístenes le dijo al rey Ciro: «propio es de un rey actuar bien y ganarse mala fama».

LIBRO VII, CAPÍTULO 38

[1] Como escribió Eurípides, «no es necesario irritarse con las cosas, dado que a ellas no les importa en nada».

LIBRO VII, CAPÍTULO 42

[1] Como escribió Eurípides, «están conmigo el bien y la justicia».

LIBRO VIII, CAPÍTULO 33

[1] Tomar sin orgullo, dejar sin esfuerzo.

LIBRO VIII, CAPÍTULO 38

[1] «Si puedes mirar con profundidad, mira y juzga con la mayor habilidad», dijo aquel.

LIBRO VIII, CAPÍTULO 42

[1] No merezco causarme pena a mí mismo, pues nunca a otro voluntariamente se la provoqué.

LIBRO VIII, CAPÍTULO 59

[1] Los seres humanos han nacido los unos para los otros: por tanto, edúcalos o aguántalos.

LIBRO IX, CAPÍTULO 5

[1] Muchas veces comete injusticias el que nada hace, no solo el que hace algo.

LIBRO IX, CAPÍTULO 7

[1] De inmediato hay que borrar la representación, tener quieto el impulso, apagar el deseo, conservar en ti el juicio rector.

LIBRO IX, CAPÍTULO 17

[1] A la piedra que está siendo arrojada hacia arriba, ni le hace mal el estar bajando ni bien el estar subiendo.

LIBRO IX, CAPÍTULO 20

[1] Es preciso dejar a un lado los errores ajenos.

LIBRO XI, CAPÍTULO 4

[1] He hecho algo útil para la sociedad. Por tanto, yo también obtengo un beneficio. Ten a mano siempre esta reflexión y nunca dejes de practicarla.

LIBRO XI, CAPÍTULO 30

[1] «Esclavo naciste y no te está permitido reflexionar», citando a un poeta.

LIBRO XI, CAPÍTULO 36

[1] «No te haces ladrón por elección propia». Lo dicho es de Epicteto.

LIBRO XII, CAPÍTULO 12

[1] Nada a los dioses se debe reprochar, pues, voluntaria o involuntariamente, ninguna falta cometen. Pero tampoco a las personas, pues ninguna falta cometen que no sea contra su voluntad. Por tanto, a nadie se debe reprochar.

LIBRO XII, CAPÍTULO 20

[1] En primer lugar, no hacer nada al azar, ni tampoco sin una retribución. En segundo lugar, no alzar tus pasos a otro fin que no sea el bien común.

ÍNDICE